EMBELLISSEMENTS DE PARIS.

DEUXIÈME ARTICLE (1).

A M. L DE JUSSIEU,
SECRÉTAIRE-GÉNÉRAL DU DÉPARTEMENT DE LA SEINE.

A peine deux ans se sont écoulés depuis que nous avons donné un aperçu rapide des embellissements de la ville de Paris, et voilà que déja nous trouvons une ample matière à un nouvel article. C'est une bonne fortune dont il faut se réjouir; c'est un travail qui doit nous plaire, parce qu'en signalant à l'attention et à la reconnaissance publique les améliorations de toute nature tentées par des magistrats zélés et vigilants, nous prouvons aux habitants des départements (un peu jaloux des Parisiens et qui crient contre la centralisation) que nous savons faire un bon usage des fonds, considérables à la vérité, qui nous sont alloués, et aux étrangers que la capitale de la France, ce vieux foyer de troubles et de séditions, porte à présent dans son sein les germes d'une longue paix, et qu'ils peuvent, en toute confiance, visiter les merveilles dont nous leur offrons un tableau imparfait.

(1) Voyez *Annales des Voyages*, 1836.

Et d'abord, honneur et reconnaissance à ceux qui facilitent à la jeunesse laborieuse les moyens d'étudier commodément et d'échapper aux séductions de Paris! C'a été tout à la fois une pensée morale et littéraire que d'ouvrir, dans le quartier des écoles de Droit et de Médecine, une vaste bibliothèque, où puisse travailler, dans un local chauffé, éclairé par le gaz, cette foule d'étudiants que nous envoient les provinces, pour qui les heures du soir sont longues dans les chambres froides d'un hôtel garni, et qui sont trop souvent tentés d'aller se reconforter au poële de l'estaminet voisin. C'a été surtout un immense bienfait pour les jeunes gens maltraités par la fortune qui viennent à Paris avec peu d'argent et un grand désir de s'ouvrir une carrière honorable. On a vu de ces travailleurs pauvres, arrivés du fond de leur village, pour qui leur vieille mère se refusait presque le pain, et qui, pendant de rudes hivers, restaient sans feu dans une pièce étroite au sixième étage, condamnant avec soin leur cheminée (meuble inutile, espèce d'insulte faite à leur misère), qu'ils n'avaient pas le moyen d'alimenter (1). Quelques-uns de ces hommes forts ont lutté contre les difficultés de leur position et sont parvenus à une célébrité européenne. Mais qui sait si plusieurs de leurs camarades, découragés et vaincus par de faibles obstacles (trois voies de

(1) Historique.

bois, et nous avions peut-être trois grands hommes!), ne se sont pas arrêtés à moitié chemin, et s'ils n'ont pas privé leur pays et le monde de leurs talents et de leurs lumières?

La bibliothèque de Sainte-Geneviève, ouverte chaque soir, chauffée par deux poêles d'un grand volume, éclairée par plus de quarante becs de lumière, est donc un bienfait, un perfectionnement qu'il faut signaler, et dont nous devons rendre grace au ministre qui en a conçu la pensée.

Mais que diraient les Génovéfains, ces bibliothécaires érudits, les Pingré, les Saint-Léger, et leurs successeurs, gardiens dignes d'un dépôt si précieux, en voyant la flamme bleuâtre scintiller de distance en distance, jeter sur les tables chargées de livres une vive lumière à l'heure où la plus profonde obscurité, où un vaste silence régnaient dans ces longues salles et dans les corridors du monastère, et se réfléter sur les figures vénérables des philosophes anciens et des savants d'une époque plus récente!

Nous touchons à ce grand monument d'architecture, commencé sous Louis XV, en 1744, et qui n'est pas achevé. Nous voilà tout près de cette coupole hardie, la gloire de Soufflot, et qui pourtant causa sa mort. Gardons-nous d'aborder la question envenimée qui se rattache à l'église de Sainte-Geneviève! Pourquoi les révolutions ont-elles fait et refait cet admirable édifice? Pourquoi reste-t-il un sujet éternel de discordes?... Aujourd'hui, ce fronton, inachevé en 1790, puis couvert d'une toile où figuraient les emblêmes de la république et que nous avons vu long-temps flotter toute en lambeaux; puis sanctifié par une croix environnée de rayons; ce malheureux fronton, obéissant tour à tour à des inspirations diverses, offre à présent la Gloire distribuant ses couronnes aux guerriers, aux législateurs, aux philosophes, aux poètes, aux magistrats. La patrie reconnaissante décerne les palmes à tous les mérites, à toutes les illustrations. Ce grand morceau de sculpture, ce vaste bas-relief fait honneur au ciseau de David; et la grille enfin achevée, et deux candélabres gigantesques, et le perron restauré, présentent un beau coup d'œil. Si, dans quelques années, une rue s'ouvrait en face de ce temple qui fut deux fois chrétien et deux fois profane, ce serait, pour le voyageur arrivant de Toulon ou du bord de la Loire, un admirable coup d'œil.

D'autres monuments religieux ont une meilleure destinée. Saint-Germain-l'Auxerrois sort de ses ruines. Ces ignobles échoppes qui masquaient l'église viennent de tomber. Encore quelque temps, et les traces de la colère aveugle du peuple s'effaceront. Si le grand projet de Napoléon s'accomplit, on ira bientôt du Louvre à la barrière du Trône par une ligne droite et spacieuse, qui d'abord longera le seul monument sarrasin que nous ayons à Paris, viendra toucher la haute tour de Saint-Jacques-la-Boucherie, élevée aux frais d'un bourgeois et de sa femme, arrivera devant ce portail de Saint-Gervais, pour lequel Voltaire et Mercier demandèrent si long-temps de l'air et de l'espace, et finalement devra aboutir à l'entrée de ce faubourg si peuplé, si industrieux, dont les habitants, liés dès-lors avec le centre de la ville, avec le vieux palais de nos rois, ne descendront plus, comme autrefois, armés et menaçants, mais pour vendre leurs meubles élégants, pour voir des chefs-d'œuvre de l'art entassés dans nos musées (car, il ne faut pas s'y tromper, l'artisan, l'homme du peuple est bon juge, un morceau remarquable dans la statuaire comme dans la peinture excite sa sympathie), respirer dans les Tuileries, sur les boulevarts, pays nouveau, pays d'enchantement pour ceux qui vivent la semaine entière dans un atelier, au rez-de-chaussée ou sous un toit brûlant. Cette grande rue doit assainir la ville et produire des fruits de paix ; elle ressemblera à ces routes stratégiques de la Vendée qui rendent la guerre désormais impossible.

Le charmant portail de Saint-Méry, mutilé par les balles et les boulets des républicains, est entièrement restauré. Les pierres endommagées ont été enlevées, une à une, et sur d'autres pierres, grâce à des sculpteurs habiles et patients, renaissent les grappes de raisin, les feuilles de chardon ; grâce à leur ciseau intelligent, de nouveau courent, dans les rinceaux déliés, l'écureuil ou le rat aux yeux perçants, et des êtres fantastiques éclos du cerveau de l'artiste ; il a refait ces ornements capricieux, bizarres, inventés dans le moyen-âge. Mais qui se doute, en admirant ces petits chefs-d'œuvre, que ces niches, ces fruits, ces animaux sont fixés dans les massifs par des brochettes de fer et recouverts avec soin ? Qui songe au temps, aux sueurs, à l'adresse nécessaires pour décorer les arceaux de ce temple, qui, malheureusement, comme tous ceux bâtis à des époques éloignées, se trouve trop étranglé dans une rue passagère, au milieu des embarras sans cesse renaissants du commerce, au sein d'une population tout occupée des intérêts du jour?

Les amateurs des arts et de l'antiquité pourront encore, dans peu de temps, parcourir le réfectoire si peu connu et pourtant si digne de l'être de, l'abbaye de Saint-Martin-des-Champs. Ils verront là les colonnettes de marbre les plus élevées, et les plus légères et les plus aériennes qui se puissent imaginer, entées les unes sur les autres pour soutenir une voûte élégante. Et grâce aux observations pressantes et judicieuses d'un membre de la chambre des députés (1), chargé du rapport sur les travaux publics, ce monument conservera son intégrité; il restera comme une preuve du bon goût et de la hardiesse des architectes qui l'ont élevé il y a plus de huit cents ans.

(1) M. Vuitry, de l'Yonne.

Et notre vieille Notre-Dame ne sera pas non plus oubliée; c'est l'église de nos pères, c'est le berceau de la foi parisienne. Elle existait déjà quand l'humble Lutèce se trouvait circonscrite dans une île de forme inégale; quand, autour de la ville de boue, ce n'était que la Seine l'emprisonnant de ses eaux jaunâtres et devant elle des coteaux couverts de bois et de vignes. Il y a là aussi des plaies à cacher, d'amers souvenirs à effacer! Que l'ombre épaisse des arbres plantés dans les anciens jardins de l'Archevêché se hâte de couvrir un sol nu et dévasté; qu'une grille simple, mais élégante, entoure et défende ce monument remarquable par son architecture, ce monument qui garde la mémoire de nos triomphes et de nos malheurs, et dans lequel se sont accomplis tant de mémorables événements (1). Qu'il y ait enfin chez nous un instinct de conservation, une pudeur publique qui défende elle seule « de « souiller ce qui est sacré, ce qui est beau, ce qui « est chargé d'années et d'enseignements! »

(1) Le garde-des-sceaux a promis aux Chambres de prendre des mesures pour que la plus célèbre de nos églises parisiennes soit à l'abri des injures et des mutilations de tous genres dont elle est l'objet : « C'est vraiment une honte de « voir cette ancienne basilique abandonnée en quelque sorte « à la barbarie d'une population ignorante, servir de jouet « aux enfants qui s'amusent à briser à coups de pierres les « figures des rois et des saints qui décorent les murs exté- « rieurs. »

Le cloître Notre-Dame, aux rues tortueuses et resserrées, le cloître silencieux va bientôt recevoir le mouvement et la vie qui se répandent aujourd'hui dans les plus obscurs quartiers de Paris; il va communiquer avec la place de l'Hôtel-de-ville (1) par une voie de grande dimension, ayant des trottoirs plus larges à eux seuls que les ruelles de Saint-Pierre-aux-Bœufs et du Chevet-Saint-Landry! Arcole, qui déja donne son nom à un pont suspendu, illustrera cette communication nouvelle qui va joindre le Marais avec le vieux quartier de Notre-Dame, et faire arriver, sans encombre et sans embarras, les équipages et la foule des piétons que la parole puissante d'un prêtre, ou quelque cérémonie religieuse, y fait accourir quelquefois de tous les points de cette vaste capitale.

Mais on ne se contente pas d'effacer jusqu'à la dernière trace des attentats faits à la religion, on veut aussi faire disparaître jusqu'à l'empreinte des crimes politiques; il faut laver le sang d'un prince qui périt près d'un théâtre au bruit des folles joies

(1) Les projets d'embellissements formés pour l'Hôtel-de-ville reçoivent leur accomplissement et les constructions nouvelles s'élèvent comme par enchantement. Ce sera, quand la longue rue rêvée par Napoléon sera terminée, un beau point d'arrêt que cette façade au milieu de laquelle apparaîtront la statue de Henri IV et celles des hommes « dont le courage, le dévouement, les travaux, le génie « ont défendu, décoré, honoré, servi la capitale. »

du carnaval. Enfin, la fontaine élevée sur l'emplacement même de l'Opéra jettera, cette année, ses eaux abondantes par les urnes de quatre femmes colossales en bronze, exécutées dans des proportions peut-être un peu fortes. Une vasque octogone, d'une pierre belle comme le marbre, recevra ces eaux limpides; et si nous étions encore au temps où l'on faisait des inscriptions en vers latins et des jeux de mots, le champ serait beau pour les poètes! Mais, au lieu d'allusions à un grand malheur, au lieu d'antithèses, que tout soit digne et grave comme il convient dans les monuments publics.

Près de là, cette arcade Colbert, que voulut traverser l'assassin du duc de Berri, pour échapper à ceux qui le poursuivaient, va être démolie; des mesures sont prises également pour que les voitures ne stationnent plus le long des murs de la bibliothèque du roi, et que les abords de cette grande *librairie* ne soient plus ni salis, ni obstrués par les fiacres si malencontreusement placés devant ce riche dépôt des connaissances humaines. Des trottoirs amèneront sans crainte les travailleurs, hommes peu attentifs à ce qui se passe autour d'eux, pauvres gens âgés, myopes pour la plupart. Enfin, plus d'affiches jaunes ou bleues apposées à ce bâtiment « qui « sera décoré de manière à se trouver en harmonie « avec les constructions qui l'environnent. »

C'était là un vœu que je formais depuis long-temps. Rien n'était hideux comme l'aspect de ces cochers en guenille, de ces échoppes, de ces tonneaux, de cette paille amoncelée sous les pieds des chevaux maigres et désenharnachés! On se glissait souvent, et non sans quelque danger, entre deux voitures pour gagner la porte de la Bibliothèque. Pour Dieu! vous avez dépensé 40, 50 millions, que sais-je? pour la Bourse; vous avez amoncelé, pour cet antre de l'agiotage, les colonnes, les fresques, les marbres; vous avez entouré le temple de la Fortune de barrières et d'arbres; enfin, l'or a coulé à flots, pour séduire le passant, pour séduire ceux qui viennent là gagner ou perdre chaque jour une fortune; et les abords du palais de la science seraient sales et négligés! Oh non! élargissez, embellissez les avenues de vos bibliothèques, de vos musées, de vos jardins, de tous les lieux où l'homme s'instruit, se délasse et devient meilleur!...

Dans la rue Richelieu, près de la fontaine qui sera restaurée, nous allons voir sous peu de temps s'élever un monument digne de notre grand poète comique; Molière, né aux piliers des halles, où son buste décore la modeste maison paternelle, termina sa carrière non loin d'un théâtre où plus tard ses chefs-d'œuvre devaient faire battre des mains la foule toujours enthousiasmée, et c'est sur l'emplacement de sa dernière demeure que le marbre nous rendra les traits de l'auteur du *Misanthrope* et du *Tartufe.* Ce sera comme le complément des décorations que méritait une des plus belles rues de Paris.

Ici, le gouvernement n'est que pour encourager les souscripteurs qui ont voté ce souvenir à la mémoire de celui qui connut si bien le cœur humain.

En attendant que la Sainte-Chapelle, dont la monographie est confiée à M. le comte de Montalembert (1), bien connu pour son érudition religieuse et sa conscience artistique, soit complétement restaurée (2), noble tâche que ne voudra pas refuser un gouvernement réparateur, le Palais-de-Justice se nettoie, se badigeonne, secoue ses vieilles toiles d'araignée et chasse les marchands de pantoufles et de jouets d'enfants qui souillaient son auguste sanctuaire. Les vastes salles servant de promenoirs aux pauvres clients sont reconquises, et bientôt les tribunaux seront élargis et rendus commodes, et ce qu'il y a de plus saint au monde après la religion, ce qui la remplace quelquefois, la justice fera entendre ses oracles dans des enceintes dignes d'elle. On ne saurait croire ce qu'ajoute au respect de la foule, qui se laisse frapper par les objets extérieurs, un prétoire spacieux et décent, où les juges apparaissent de loin comme les interprètes de la divi-

(1) M. de Montalembert, auteur d'une *Vie illustrée de Sainte Elisabeth*, en publie les monuments dans le format in-folio (chez Boblet).

(2) Depuis long-temps des échafauds attendent les ou-vriers, depuis long-temps les amis de l'art cherchent sur le budget quelques millions affectés à cette bonne œuvre.

nité, à l'ombre de laquelle ils rendent une justice impartiale et sévère (1).

Après ce qui se recommande le plus à notre respect, à notre vénération ; après les églises restaurées, après le Palais-de-Justice nettoyé, agrandi, après les fontaines et les bibliothèques froides et chaudes, voici venir les nouveaux musées, les monuments achevés, et les promenades publiques, et les ponts suspendus, et les bains élégants multipliés sur les deux rives du fleuve, et toutes ces maisons sculptées, ornées de statues et de marbre, comme au temps de la renaissance, les habitants concourant ainsi, avec ceux qui administrent les deniers publics, pour faire de Paris la plus belle et la plus agréable ville d'Europe.

Il eût été juste, pour tant de sang versé dans la Péninsule, d'en rapporter au moins quelques grandes compositions des peintres espagnols. Mais Napoléon n'y trouva qu'un peu de gloire, et forcé de revenir subitement dans le nord, ne songea guère à Zurbaran, ni à Murillos. Nous ne connûmes la fécondité, nous ne pûmes apprécier le mérite des peintres espagnols que par des galeries particulières et incomplètes. Mais celui qui, malgré les embarras et les troubles de six années difficiles, cultivait en secret les arts, et s'occupait nuit et jour

(1) Le signe auguste de la rédemption, la croix vient d'être replacée dans les cours d'assises.

de tout ce qui pouvait tourner à la gloire de la France, a su, le premier, doter Paris d'un musée espagnol. Grace au fondateur de la grande collection historique de Versailles, des tableaux remarquables de Ribera, de Zurbaran, de Velasques, de Murillos et autres peintres de la Péninsule ont été réunis; nous pouvons les étudier et les comparer avec les chefs-d'œuvre que nous possédons dans les autres écoles, et les apprécier à leur juste valeur : car « si les ama-
« teurs fanatiques de la peinture espagnole vont
« beaucoup trop loin dans leurs louanges, il faut
« bien se garder de tomber dans un excès contraire;
« et du moins nous possédons aujourd'hui une col-
« lection de peintures espagnoles assez complète,
« pour que l'on puisse se former une idée parfaite-
« ment juste du mérite véritable de cette école. »

Honneur à M. le baron Taylor, homme de savoir, de goût et de patience, qui, pendant deux ans, a recueilli ces tableaux, les a classés, et joint cette précieuse galerie aux chefs-d'œuvre de nos peintres français et à ceux que nous devions au pinceau fécond et brillant des Italiens et des Flamands! A côté de ce musée spécial se trouvent les salles, trop étroites (mais cet emplacement n'est que provisoire), qui renferment des modèles ingénieusement exécutés en acajou, en cuivre doré, en incrusta-tions, de tout ce que renferment les arsenaux de notre marine, et de toutes les espèces de navires, français et étrangers, des plans en relief de quelques ports de mer, les armes d'abordage et de défense, les portraits ou les bustes de nos marins célèbres, et un monument pyramidal en l'honneur de l'infortuné Lapérouse et de ses compagnons. Tout ce que la mer a rejeté sur le rivage, retrouvé si long-temps après la mort de cet officier courageux, tout ce que de hardis plongeurs ont pu ressaisir au fond de l'Océan, tout ce que les indigènes nous ont rendu, décore cette espèce de tombeau. Quatre canons sont aux angles du monument, avec des débris de chaînes et d'ancres, des ustensiles de cuisine, et enfin la poignée d'une épée inutile à ce malheureux voyageur qui, selon les instructions dressées par Louis XVI lui-même, ne devait porter aux populations sauvages qu'il visitait, que des paroles de paix, des instruments de labourage, le froment et les semences de nos fleurs et de nos légumes d'Europe.

Tel qu'il est, ce musée, ébauché sous les auspices de Monseigneur duc d'Angoulême, grand amiral de France, donne une idée de l'attirail infini que comporte un vaisseau de haut bord. Là, on peut comprendre le mécanisme de ces grandes maisons flottantes, la coupe hardie de ces frégates légères qui laissent à peine l'empreinte de leur sillage sur les flots, de ces galères où le forçat manie la rame, de ces yachts élégans destinés à promener dans les bassins ou les environs d'un port les personnes élevées en dignité, de ces canots si légers qui se balancent sur la vague. L'homme de mer peut sourire à

la vue de ces riches *amusettes*, lui qui se trouva
peut-être à Trafalgar ou à Navarin, au milieu des
nuages de la poudre enflammée, et dont les oreilles
furent déchirées par le bruit du canon; mais il est
forcé d'admirer avec quelle précision sont exécutés
ces petits bâtiments. En élevant l'échelle des proportions, il retrouve le vaisseau de roi, le brick, la
frégate; il compte les cordages, les voiles, les mâts;
il s'assure que rien n'est omis dans ces jolies minia-
tures; et pour ceux qui ne sont pas du métier, qui
ne connaissent que la mer du Hâvre et de Dieppe,
c'est un spectacle curieux, qui n'est pas sans uti-
lité, qui parle aux yeux et reste gravé dans l'esprit.

Ces deux nouvelles collections et celles de dessins,
d'un prix infini, viennent se joindre à celle des plâ-
tres exécutés à Rome d'après les chefs-d'œuvre de
la statuaire antique.... Faible dédommagement de
ces marbres à jamais regrettables « que nous avait
« donnés la victoire et que la victoire nous a repris. »
Et toutes ces richesses sont entassées dans ce Louvre
qui un jour deviendra trop petit; elles occupent
deux côtés de cette cour si belle, si régulière, si
chargée de colonnes et de sculptures, qu'il faudrait
décorer à son tour; d'où tout ceux qui vivent pour
l'art demandent à grands cris que l'on renverse enfin les poteaux auxquels se suspend un réverbère,
une ignoble pompe garnie de bois, et une cloche
grossièrement attachée le long de ces murailles si
bien travaillées.

Hélas! dans ma simplicité, ou plutôt dans le désir que j'ai de voir nettoyer cette cour du Louvre, d'un effet magique quand la lune l'éclaire, apercevant des échafaudages et une statue équestre encore cachée sous des toiles, je m'imaginais quelque surprise ménagée aux Parisiens; ce n'était qu'une jouissance passagère, une distraction d'un moment; l'exposition du cheval *vivant* qui porte Emmanuel Philibert, dit *Tête-de-Fer*, comte de Savoie, remettant l'épée dans le fourreau après la bataille de Montferrat, gagnée par lui. Puisse bientôt l'administrateur des musées confier à Marochetti l'exécution d'une statue encore plus admirable que celle du prince savoyard! Que cet habile sculpteur nous retrace par exemple les traits de François Ier : ce protecteur, cet ami des artistes, ce grand bâtisseur de châteaux, ce vaincu qui garda l'honneur pour lui, manque à nos places publiques à côté de ses descendants.

S'il faut désirer que Paris s'enrichisse chaque année de quelque nouveau monument, que le bronze et le marbre s'animent sous la main du génie, pour embellir nos jardins, nos palais et nos places, on doit aussi se réjouir de ce que le pauvre n'est pas oublié par la providence municipale. Non seulement on a multiplié les bancs sur les quais, sur les boulevarts, partout où l'artisan peut respirer l'air et se reposer des fatigues du jour; mais les bornes-fontaines se sont accrues dans une énorme proportion;

mais ce qui vaut mieux encore, c'est que l'eau, ce premier besoin de la classe indigente, ne leur sera plus distribuée sans avoir passé par des filtres qui l'épureront et la dégageront des substances terreuses et calcaires; c'est que l'Auvergnat ne vendra plus au malheureux qui, dans son grenier, a besoin d'une voie d'eau pour son pauvre ménage, cette bourbe jaunâtre que la Marne, dans ses crues fréquentes, vient mêler souvent aux flots de la Seine. Ce bienfait, inaperçu pour l'homme insouciant, est immense aux yeux du philantrope, qui voit dans cette prévision toute paternelle une cause influente sur la santé du peuple, problême que la médecine n'avait pas trouvé (1).

Après les moyens sanitaires, l'instruction est aussi venue; c'est la vie de l'ame. Les enfans pauvres ont été recueillis dans un plus grand nombre de salles d'asile; les écoles primaires se sont ouvertes sur tous les points de la grande ville et des faubourgs, à mesure que la population, toujours croissante, l'a commandé; des cours ont été ajoutés à ceux qui se faisaient déja au Conservatoire des arts et métiers, pour les ouvriers de toute espèce; et il ne tient qu'à eux de s'instruire le dimanche, aux heures que ne réclament point les devoirs religieux, au lieu de con-

---

(1) Le conseil de la Société française pour le filtrage se compose d'hommes éclairés qui garantissent le succès de cette mesure; ce sont MM. Héricart de Thury, Pollonceau, Gauthier de Claubay, Mallet et Viollet (d'Indre-et-Loire).

sumer, dans les cabarets de la ville, ou les guinguettes de la barrière, le gain d'une semaine.

L'enseignement populaire et gratuit du chant, commencé à Paris en 1819, est aujourd'hui adopté dans cinquante écoles mutuelles, dans plusieurs écoles simultanées et dans six classes du soir (adultes hommes). Plus de deux mille enfants et de cinq cents hommes se livrent ainsi à l'étude spéciale du chant, et dix mille enfants reçoivent une instruction préparatoire par des exercices généraux de musique vocale et en participant au chant des prières et des marches. Dans une des dernières réunions formées des élèves des douze arrondissements, et auxquelles on a donné le nom d'*Orphéon,* on a entendu avec enthousiasme un chœur à cinq parties, de M. Wilhem, l'*Existence de Dieu,* dont le caractère a beaucoup de grandeur et de noblesse.

On conçoit combien l'étude de la musique, combien de pareils morceaux, et d'autres, d'un style pur et élevé, comme l'avait si bien fait Choron, doivent adoucir le caractère des enfants du peuple, développer en de jeunes ames des idées religieuses, occuper, utiliser des heures mal employées, et contribuer d'une manière insensible à l'amélioration des mœurs publiques.

Achevons notre revue. Les bâtiments du Luxembourg s'élèvent et donneront au palais une grande extension sans que le jardin soit notablement diminué : ce même jardin a été percé en plusieurs endroits pour la commodité des habitants voisins; le séminaire de Saint-Sulpice est terminé; des bancs de fer à jour attendent, sous l'ombre jeune encore des arbres, les vieillards et les enfants de ce quartier populeux; le nombre des ponts suspendus et des passerelles s'est beaucoup accru, dans des localités où les communications étaient fréquentes, comme à l'île Louviers, etc.; le Jardin des Plantes étonne le voyageur par ses innombrables richesses classées si méthodiquement et logées avec tant de luxe; la place Louis XV a ses grandes mosaïques en asphalte, sur lesquelles le piéton traverse sans péril un vaste carrefour, sans-cesse sillonné par mille voitures; elle a ses fontaines, qui accompagnent bien le monolithe de Louqsor; les colonnes dorées, portant des lampes, les fossés gazonnés qui plaisent à l'œil; et les huit statues représentant les villes principales de France; le chemin de fer à Versailles, rival de celui de St-Germain, doit conduire les Parisiens aux fêtes de St-Cloud; la Madeleine, ce beau temple, ne tardera pas à s'ouvrir, à montrer ses fresques, ses sculptures, ses colonnes, toute la magnificence des arts qui sied si bien dans ce riche quartier de Paris, où la religion doit apparaître à des gens gâtés par la fortune, non rude et négligée, mais brillante, parée, pleine de séductions, parlant d'abord aux yeux par ses pompes extérieures, avant de se faire entendre au cœur par la divine pureté de ses enseignements, par la sublimité de ses mystères.

Aux bords de la Seine, cinq bateaux à vapeur, luttant de vitesse et d'élégance, sont là qui vous attendent pour vous emporter, à travers un paysage qui change à chaque quart d'heure, vers Rouen et le Hâvre, tandis que d'autres remontent la Seine et la Marne, jusqu'à la ville de Bossuet, et à ce Montereau si célèbre dans la dernière campagne de Napoléon; et à ceux qui n'ont que six heures à donner au plaisir, *le Duc de Nemours*, s'offre à les voiturer au pied du côteau de Saint-Cloud, à travers les sinuosités du fleuve.

Après tous les efforts du gouvernement et des premiers magistrats pour élever Paris au niveau des autres capitales du monde, et peut-être pour les surpasser; ajoutons que ce qui doit contribuer puissamment à rendre cette ville plus agréable encore à la classe élevée des voyageurs, c'est le goût des collections en tout genre qui s'est développé, chez des personnes riches et patientes, qui ne savaient à quoi employer leur fortune, quand ils ne voulaient pas la perdre follement en équipages, en chevaux et pis que cela. Ainsi, M. du Sommerard a rassemblé, dans les bâtiments de l'hôtel Cluny, si admirables par eux-mêmes, des curiosités en armures, en meubles, en cristaux, qu'il met avec complaisance à la disposition du public; M. le maréchal Soult, MM. Paturle, de Sommariva ouvrent leurs galeries de tableaux à tous ceux qui cherchent à comparer les chefs-d'œuvre des écoles diverses; dans ses triples salons de la rue de Varennes, décorés avec tant de goût, M. le comte de B... C..., cet ami éclairé des beaux-arts, comme le prince son père en était le protecteur, possède pour lui et pour ceux qui partagent ses nobles inclinations, des tableaux de prix, et de charmantes compositions, des groupes de marbre, des coquillages choisis et des porcelaines rares; M. F. chef du protocole au ministère des affaires étrangères, peut vous montrer dans des portefeuilles merveilleusement disposés, des lettres de tous les hommes et de toutes les femmes qui jouèrent un rôle en France depuis trois cents ans. Ces autographes sont accompagnés de notices qui vous font connaître à fond le personnage. Joignez à cela des livres reliés à des prix *fous* par les Simier, les Bozérian, les Purgold, et leurs rivaux en Angleterre; des verreries de Bernard de Palissy, des gravures avant la lettre, et des dessins des peintres célèbres dans les *deux mondes*; des manuscrits de l'Inde et de la Perse, enluminés, dorés; c'est un petit musée dont le propriétaire connaît le mérite, et s'entend merveilleusement à faire les honneurs; le prince d'Essling charme le repos d'une vie qu'il ne peut pas sacrifier comme son père sur les champs de bataille, en rassemblant les coquillages et les oiseaux les plus rares, les plus éclatants par leurs couleurs, les plus curieux par leurs formes; rien ne lui coûte pour compléter ses richesses ornithologiques et conchyliologiques; M. Panckoucke, cet heureux éditeur de *Victoires et conquêtes*, livre qui devait faire fortune en France, des *Classiques latins* et du grand ouvrage sur l'Egypte, dans les salles de l'hôtel de Thou, qu'il a religieusement conservées, montre fort obligeamment aux nationaux et aux étrangers les beaux dessins relatifs à l'expédition de Bonaparte sur les bords du Nil, une vaste collection de vases étrusques et de délicieuses aquarelles représentant les plus belles vues d'Ecosse, pays qui se prête merveilleusement à la peinture. Enfin, un de nos banquiers les plus recommandables, M. Delessert, ce philantrope éclairé, cet ami de tous ceux qui souffrent, cet amant passionné de la botanique, rivalise, à l'hôtel d'Uzez, avec le Jardin des Plantes, et reste quelquefois le vainqueur. Maître absolu de son budget, tandis que les administrateurs du Musée attendent humblement des fonds, votés par les Chambres, pour acquérir un herbier ou quelque plante rare, M. Delessert peut dire souvent : « Je « suis plus riche que le roi. » Mais, en revanche, comme un souverain, il met ses *Flore* de tous les pays du monde à la disposition du public, et ceux qui marchent sur les pas des Tournefort, des Linné, des de Jussieu, n'oublient pas de visiter la rue Montmartre.

Ce que la paix et l'ordre nous ont donné, sachons en jouir par la paix et par l'ordre ; sachons l'augmenter. La paix est amie des arts, elle seule fait le bonheur du pauvre et la sécurité du riche. D'ici à vingt ans, ne tirons pas un coup de canon au dehors; d'ici à vingt ans, que la balle de l'émeute et de la révolte reste amortie, et nos neveux recueilleront un riche héritage, une vie heureuse et tranquille, une vie commode, dans une ville spacieuse, assainie, civilisée, embellie, qui deviendra de jour en jour le point de mire et le rendez-vous de la France et du monde.

A. EGRON.

Luciennes, août 1838.

A. PIHAN DE LA FOREST,
Imprimeur de la Cour de Cassation,
rue des Noyers, 37.